¡Paraguas y más paraguas!

Elora Grace

Traducción al español: María Cristina Brusca

LECTURAS DEL BARRIO

Rosen Classroom Books & Materials™

New York

Jim, ¿dónde está tu paraguas?
—dijo Mamá.
—¡Lo perdí! —dijo Jim.
—Ve a buscarlo —dijo Mamá.

Jim fue a buscar su paraguas.
—¿Dónde está tu paraguas?
—dijo la niña.
—¡Lo perdí! —dijo Jim—.
Lo estoy buscando.

3

—¿Dónde está tu paraguas?
—dijo el cerdo.
—¡Lo perdí! —dijo Jim—.
Lo estoy buscando.

4

—¿Dónde está tu paraguas?
—dijo el perro.
—¡Lo perdí! —dijo Jim—.
Lo estoy buscando.

—¿Dónde está tu paraguas?
—dijo el pato.
—¡Ahora lo veo! —dijo Jim—.
Mi paraguas está en el agua.

Jim fue a recoger su paraguas.
Un pez estaba debajo del paraguas.
—Hoy, ¡hasta un pez necesita
paraguas! —dijo Jim.

Jim volvió a su casa.

—¡Aquí esta mi paraguas! —dijo Jim.

—¿Dónde lo encontraste? —dijo Mamá—.

—¡Lo tenía un pez!—dijo Jim.